D0896791

Trabalis
San Juan

Huracanada

© de los poemas, Mayra Santos-Febres

marzo, 2018

© Trabalis Editores
459 Sagrado Corazón
Suite # 801
San Juan, PR 00915

trabalis.editores@gmail.com
trabaliseditores.com

Editora de la colección:
Mayda Colón

Diagramación y estilo:
Zayra Taranto

Fotografía de portada:
Alonso Sambolín

ISBN: 978-1-942989-50-9

Huracanada

Mayra Santos-Febres

A Alexia Suárez
A Hilda Bultrón Santos

NOTA EDITORIAL

Un huracán no es poca cosa. Tras ellos se retiran los podios, y apenas quedan las personas con sus posibilidades para la vida, mientras hacen fila y sobra día. La realidad se centra en torno al sol. La definición de huracán nos advierte de una fuerza devastadora, de una hélice ventolar que hace que por un momento todo sea naturaleza.

He encontrado en el diccionario la palabra huracanarse: "Dicho del viento: arreciar hasta convertirse en huracán". Pienso en el saldo de aquellos días, en el hecho de levantar la voz como un acto en que oxigeno, pensamiento y pulmones tuvieran que huracanarse hasta parirnos una voz audible.

En *Huracanada* de Mayra Santos-Febres nos llega una voz que desayuna en plural, mira afuera y se mira, se busca un aire y es testigo de su tiempo. Es una voz que sangra, rebusca, repiensa, reconoce las trampas, las luchas que siempre emprendemos hasta entender que hay un otro posible, no consumado ni con necesidad de ser consumido.

Huracanada es una voz hembra sin traje ni artificio. Una voz íntima e informal con la cual se habla a los amigos. Una voz de formulación no binaria, sino materia, una poética que explora "lo que va siendo, y cómo esto cobra significancia en el tránsito".

Para ser país y persona se mira también hacía afuera y se prohíbe una olvidar que la fuerza de una nación está siempre en las manos que trabajan y sudan y dejan de ser propias para hacerse colectivas. "Que el tiempo no nos arrebate sus nombres"; para hacer poesía y persona hay que traer las manos sucias.

Es imperante preguntarnos por el libro de la búsqueda. Traer las preguntas al tintero. En una época donde todo es texto, esta apertura desde el lenguaje pretende el diálogo y no las jerarquías contenidas en las células del yo. Desde aquí la voz de Mayra explora las mitologías de su sexo biológico, de dónde viene, pero también qué va siendo un ser humano que puede reescribirse sin necesidades de performatividad.

Este es un libro en el cual se puede degustar un paisaje honesto, abierto, reconocedor de las tantas mujeres con las cuales denominarse mujer es romper estereotipos, ir en pos de validar los feminismos todos. Qué es la poesía después de todo si no un margen más. Un margen que se deja conquistar con otros cuentos, otras narraciones posibles. Aquí todo es ganancia, aprendizaje adentro y afuera del texto. Todo es lo otro. Ya sin miedos se puede realmente celebrar el poema y la realidad de saberlo. Una se juega en las políticas, en las teorías, la tanta posibilidad que nos excede. Todo indica que habría que huracanarnos más. Sólo así podremos descubrir el poder que existe en nuestros vientos.

Mayda Colón
Editora

I.

Porque hago
lo que se tenga que hacer.
Porque me sé habitada
de una fuerza
que en mí toma cauce.
Una fuerza hecha a base de palabras
a veces como el trueno,
a veces vuelta caricia.

Porque no tengo que
creerme ni templo ni carne,
ni nada más que una simple
mujer.

Porque sí, porque
me tocó
y sé para lo que soy buena.

Porque estoy aquí.
Me regalo flores y aceites,
me enciendo velas,
en las calles
y me deseo aliados.
Que vean
el enorme poder que me habita a mí,
mortal;
que decidan que es tiempo de proteger,
celebrar, potenciar esa fuerza
para que la vida sea.

Porque estoy para que todo lo que existe
pase y tome forma.

Porque soy y estoy entera
para de una vez y por todas
volverme cauce
de este amor
que al fin me tengo.

II.

Coronadas
por un par
de pezones enormes
como ojos de huracanes,
mis tetas duras,
huelen al sudor de mis faenas.

Mis tetas semilla
sumidero, cauce.
Mis tetas salitre, puerto, salidero,
son el lugar del que puede zarpar
o al que puede arribar
cualquier tromba o nave.

Pulsan como pulsa un corazón;
corazón bípedo con dos bocas
y dos destinos pegados en ellas.

Mis tetas ventolera.
Mis tetas alas de mariposa.
Pechos de mujer cumplida.

En mí, el vuelo va de frente.

III.

(Después de un desayuno en Mc Allen, Texas, con Juan Felipe Herrera y Lucha Corpi)

Los sabios y las sabias
toman café y cuentan cuentos;
palabrean.

Escucho atenta
los códigos que son revelados
junto al café y al jugo.

Al fondo de la mesa de comensales
en la que me ubico y comulgo,
suenan cuchillos, cucharas
que desde platos y tazas suenan como trinos.

Se mencionan los dolores de hermanos muertos o
desaparecidos.
Las alianzas, las traiciones
son servidas de nuevo
junto a huevos revueltos,
salchichas ahumadas
y panes recién sacados del horno.

Las definiciones marcan el margen,
siempre al margen.
De ese filo mañanero
nace el recuerdo
y el poema.

IV.

(Esclava escapada)

Ríete de ti
para que se rían contigo.
Doma las greñas,
no tomes sol,
vístete de colores claros.
Que las marcas de tu piel no se abran
como la boca del grito
frente a latigazos
que recuerdas bien, aún tan bien
¡qué extraño!

Maquilla las cicatrices
cúbrelas con popelina y seda,
con brillos de bisutería
que refuljan contra el sol.

Apártate de ellos,
no practiques sus ritos,
no creas en sus fuerzas,
no te juntes con muchos,
que no te confundan.
Ama solo la piel que no refleja la tuya;
no por el alma que guarda dentro,
sino por la envoltura,
por ese maldito pigmento
que marca o te demarca la frontera.

No camines como ellos,
no camines con ellos,
no seas ellos.

Borra el vínculo,
múdate lejos,
habla de la raza
cómo si a diario no doliera,
conviértela en discurso,
en poema
para que te aplaudan; pero apártate.

Pare hijos que mejoren la especie,
que marquen tu distancia
y te rescaten, un poquito al menos,
de quien tienes que ser;
de ese cuerpo que te avergüenza;
animal que ruge y pide selva
para correr abierto
hacia cualquier devoración.

Galopa, huye,
no oigas esa voz salvaje
que deshace la doma hecha,
todas las voces que has querido silenciar.
Que no te confundan con ellos.
Corre, negra, huye.
Mejórate, supérate, triunfa, sé la excepción.

Aléjate de ese dolor compartido
que se aloja en la historia
y de dónde no lo saca nadie.

Debe haber algún lugar con paz para el respiro,
algún aire que no sea el tuyo.

Sangre

I.

Duele sangrar,
pero también honra.

Quiero hacer las paces con mi sangre.

II.

Un sol rojizo,
una luna grande y amarilla
como un huevo
marca un tránsito por las mareas.

En el cielo
hay dos mares
por los cuales navego.

Quiero navegar en mi sangre.

III.

Los grumos bajan entre las piernas,
las membranas.

Un chorrito alegre, voraz y rojo,
es timidez henchida.

Pura inocencia.

Los olores a hierro fresco
despiertan las ganas
de tener a un hombre adentro
que espante los calambres.

Sobre toda esa cosa hermosa
pesa una maldición.

No quiero ser la maldita,
la proscrita,
la escriba de la tinta
que contesta furiosa y roja.

¿Para qué?

Quiero hacer las paces con mi sangre.

IV.

Qué muchas luchas,
qué muchas trampas nos ponemos
para no sangrar,
para no morirnos
cuando morir es tan necesario.

Rendirse,
claudicar,
irse a ofrecer
como carne desnuda a los demonios
del renacimiento.

El dolor con su desgarre profundo,
lo que nunca salió
y fue prometido.
El cuento que nos creímos:
el fin del vacío,
la bonanza,
la comunión;
esa verdad infinita
que se revela como meta y destino rotundo.

¿El éxito quizás?
¿El amor?
Si no, igual será la muerte esperándonos
para hacernos carroña y flor,
y darnos de comer y de beber
nuestra propia podredumbre.

La muerte/matriz/madre
con toda su sangre y su placenta,
es otra cosa.

Nos unge el cuerpo,
la materia,
disipándola en otra composición,
en otra conexión.

Mueren los mitos que nos mueven y nacen otros.
Muere el efecto del espacio sobre el tiempo.
Nace una flor
del llanto y de la mierda.

Del rendirse y no luchar,
se abre una semilla.

Lo que nunca fue obtenido
recompone sus neutrinos,
sus partículas obtusas, gravitantes.

Qué mucha lucha
para terminar navegando
en todas las sangres.

V.

Y allá, al fondo,
ese flujo contenido
encuentra otros cursos.

Ya no aguas estancadas por la piedra.

La piedra es el mito,
el curso conocido,
la materia transportando el mineral,
la combustión detenida, el fuego duro.

El agua es la otra sangre,
la savia corriendo desbocada hacia la célula
para limpiarla
de los carbonos de su respiración;
para sostener con sus hierros
otras rendiciones,
otros suspiros infinitos.

VI.

Después de la Muerte
hay otras muertes,
más grandes o más chiquitas.
Y todas son la vida y lo sagrado.

¿Lo sangrado?

Hay sangres verdes transparentes.
Existen sangres con densidad y sin ella,
que tejen una retícula invisible.

La gran Matriz
nos va devorando y pujándonos a la vida.

Quiero hacer las paces con mi sangre.

VII.

Hay que morir,
no agonizar. Eso es sostenerse.
No luchar sino rendirse
por voluntad propia
ante el peso inexorable de un ciclo.
Ir en armonía hacia la muerte,
afrontar ese miedo, siempre miedo
de lo que termina...
ese mito siniestro y hermoso.

La muerte es otra manera de sangrar,
la muerte es otra manera de narrar.
La sangre muestra otro cuento.

Encontré otro cuento qué narrar:
el viaje de la sangre desnuda más allá
de su fingida disolución.

Yo era una mujer

I.

Este animal que soy
capaz de reproducir vida
y de parirme hacia la muerte,
¿de qué está hecho?

De escamas, porque una vez fui el monstruo
que protegía a las otras
de la rapiña de los marineros
mientras cantaba
hasta hacerlos naufragar.

Fui pieza de venta por doce cabras,
fuerza de trabajo para el ingenio.
Mi cuerpo paridor
daba más cabezas de ganado al amo,
más mano de obra a los dueños,
más carnecita nueva
a los soldados que llegaban
muertos de hambre y de carniza
hasta las costas.

Fui
la que vendió a sus hijas al bichote
por un deck de heroína
y la que se vendió por techo y pan
para los críos,
quizás por recibir una caricia.

Ahora,
libre de seducciones,

me miro al espejo y le pregunto
a la mujer que me devuelve la mirada:
"¿Qué es una mujer?".

Ella sonríe como una esfinge.
Sus ojos se llenan del silencio de la melancolía:
"No lo sabemos, Mayra,
aún no lo sabemos".

II.

Yo era una mujer;
quería ser
la de los hijos, la del respeto, la de la Gracia.

Yo era también una argamasa oscura
de potencias
que buscaba la manera
de convertirse
en una mujer.

Mi madre había muerto
su muerte lenta para curtirme
y yo no lo notaba,
ocupada como estaba
en desenredar mi sangre de la suya.

Mi madre moría
su muerte de olvidos,
porque ella quiso ser una mujer.

Una mujer feliz, inclusive,
pero tuvo que mentirse
todas y cada una de sus sonrisas.

Hubo hambre y hubo sangre;
demasiada para ella sola.
Hubo el peso de la vida
sobre sus hombros carnosos
como de ausubo sin corteza.

Latiendo toda ella
se enfrentó madera
a los colmillos de su tiempo.

Logró lo que logró:
parir a otra mujer
mejor que ella.

Pero yo,
desentendida de su gesta
des/discernida,
no tuve ojos para ver
ni lengua para probar su sangre.

Yo quería ser una mujer,
no como mi madre.
Quería ser una mujer más grande
que una casa y un marido.

Quería ver el mundo,
caminar el mundo
y no noté que el mundo comenzaba
sobre los hombros de mi madre;
sobre el hambre de mi madre
que parió un mundo
para que yo lo caminara.

Afiló mis pasos con su muerte.
Torció mis pies
para luego aplicar misteriosas cataplasmas
que hicieron que mi pie sanara.

Ella tampoco sabía lo que hacía.

Pensaba que me cuidaba,
que me educaba,
pensaba acaso que eso que ella había parido
no era una mujer;
que yo era tan solo su deber,
el cumplimiento de un mandato.

"*A lo hecho, pecho*" —pensó quizás.

Y yo era un eslabón
en el cumplimiento infinito de lo posible.

Pero, ¿quién iba a saber de los designios?
¿Quién iba a sentarnos
a mi madre y a mí?
"*Abre los ojos*" ¿quién iba a decirnos
que esta era la intención
forjada hace milenios
para las mujeres de nuestra estirpe?

Dejar de ser
la mujer que una vez fuimos;
aprender todas a morirnos,
a seguir intentando convertirnos
en otra mejor mujer.

III.

Bebo del agua de mi padre,
de su fertilidad,
su frescura,
sus ansias de renovación,
su complicidad y cariño.

Bebo las aguas de mi padre
en el cuenco de sus manos,
en la manera en que acaricia las plantas,
repara maderas,
empuña el machete entre malezas
para abrir los cauces,
los caminos.

En lo que hay en mí,
bebo las aguas que es mi padre.

Bebo sus caricias distantes.

Mi padre no posa sus manos sobre mí.
Tanto me quiere.
No posa sus manos viejas
que tocaron tanta carne de mujer sin inicios.

Yo soy su hija y por lo tanto, intocable
por manos como una vez fueron las suyas
y que ahora lava con agua y con tierra.

Bebo su respeto, su devoción a mi senda,
su caricia evaporada

en sus ojos al sesgo, en su sonrisa tierna,
en su presencia esquiva pero constante.

Es mi madre en mi padre,
como gota en mi hijo.
Es su agua en mi hija,
como ella en mis silencios.
Es una lágrima que se seca al aire,
cuando ya no tiene curso qué mojar.

Bebo el agua de mi padre
y la dejo refrescar mi boca,
inundar mis dedos,
henchirme de materia.

IV.

Mi padre vino ayer a visitarme.
Posó sus manos
en mi vientre hinchado,
encontró fibromas, quistes sangrantes;
yo misma se los mostré.

Abrió su libro,
el único libro que lee.
Yo misma me coloqué bajo sus manos
para que sobre mí las posase.

«Ungida eres
porque yo soy del Padre» —dijo—
y el Padre prometió
"Serás salvo tú y tu casa".

Las palabras de mi padre sonaron severas,
sus caricias pocas, casi ninguna.
Tanto me protegió
de las manos de otros hombres
que olvidó darme las suyas.

Sus manos siembran plantas, flores,
remueven la tierra,
separan semillas;
sus manos de maestro de Historia
que recias tocaron otras muchas carnes
para probarse acaso
que era hombre.

«Según cuenta el Profeta Jeremías,
se encontró a una pitonisa.
Eso no es de Dios» —contó—.
«Jeremías puso sus manos sobre ella:
"Yo te reprendo, Satanás."
Y la hizo salva.
Ella era esclava
y sus amos lo metieron en prisión».

Mi padre posó sobre mí
sus manos blandas,
sus manos de profeta viejo
que una vez empuñó picos,
blandió machete, como su padre
y el padre de su padre,
ingeniero de calderas
de la Central Victoria.
Cristino, mi abuelo, desemboca en mi padre.
Sus manos trituraron
las espigas greñudas de la caña
para endulzar este prieto corazón.

Esas manos trajeron la miel
a mis fibras enquistadas:
«A ti no te van a triturar».

Esas manos trajeron la dulzura:
«A ti no, tú eres mi hija,
Pitonisa rodeada
por las serpientes rojas de su sangre,
porque ningún hombre te querrá
mejor ni más que yo».

Sus palabras recias:
«*Reprendo a los demonios que te cunden*».

La caricia de sus palabras de rabiosa dulzura:
«*Reprendo que no empuñes*
el único libro del Padre,
sal de ella, es mi hija.
Está salva porque ésta es mi casa.
La reprendo como reprendí a su madre
y empuñaré fierros,
me fajaré con cualquiera que la quiera someter.
Mientras yo esté vivo,
ella está salva.
Tengo una hija Pitonisa
y eso no es de Dios,
pero ella, por mí, ya fue salva».

Las manos de mi padre
se llenan de dulzura y de luz
sobre mi vientre.
El quiste que se pudre
por la larga ausencia de caricias,
al fin revienta.
El calor en las manos de mi padre
rompe algo muy profundo
y lloro y muero y la sangre fluye.

Las palabras de mi padre son recias,
pero su voz es dulce,
sus manos pausadas y suaves
de hombre que ama la Tierra:

«Tú eres mi caña dulce, Negrita, hija.
Bagazo seré yo, si acaso.
Déjate el pelo crecer. Ondea.
No habrá más fierro que te corte.
Yo no lo voy a permitir».

«Mi hija está salva» —sentencia.

Contempla un aire vacío en mi casa,
traga fuerte y murmura:
«Eres tu misma madre;
como verla ahora frente a mí».

V.

(Luna en Piscis)

Estoy de vuelta,
estoy de vuelta,
estoy de vuelta
y ningún hombre ya jamás
podrá encerrarme en sus abrazos.

Estoy de vuelta a la inocencia.
Regreso a la que una vez fui.

¿Será que me muero pronto?

Es extraño este regreso.
Es como nunca haberse ido
después de una negarse,
escupirse tres veces en la cara,
conjurar el nombre
que siempre fue el propio.

No sé si me explico.
No sé si alguna vez
pueda volver a intentar explicarme.
No vale la pena.
El regreso al punto de partida
es como nunca haber partido
y, a la vez, caminarse por dentro;
ver los pasos desandándose
y una niña,
una simple niña disfrazada de mujer sabia,
rotundamente regresa.

¿Será esto la plenitud?
No tengo idea.

¿Cómo se revive hasta no haber nacido
hasta el sol de hoy, sol de medianoche,
luna en Piscis?

Esto debe ser de lo que hablaban los antiguos.

Recojo mi memoria,
la doblo bajo el brazo y agradezco
que no me pudieron atrapar.

¿Esto significa que soy libre?
¿Será que al fin,
después de tanta huida,
me he ganado el privilegio
de nacer en libertad?

Es decir, sin mácula, primera,
es decir, de vuelta a dónde todo lo renacido
originariamente es.

Las manos sucias

Deudas

...toda playa se iba haciendo
una llaga en sus ojos.
Rául Zurita
Las playas de Chile

No es la deuda lo que tenemos que pagar,
sino todas las deudas.

Nunca fueron las deudas gigantescas montañas,
sino lomitas de tierra abandonada
que parecían cumbres inalcanzables
desde aquí.

Hipotecamos el hambre,
había que escapar del hambre,
la hipotecamos.
Ahora regresa
a mordernos con su colmillo desatendido;
ese hambre infinita que pretendimos que no era.

La deuda
es el perro que viene en venganza
de los desatendidos que recogimos de la calle.

Les pusimos ropas nuevas.
Les arrancamos los colmillos.
Los bañamos sin cobrarles nada,
solo por ver el fulgor de su carne hambrienta
en otras ropas.

Hipotecamos su hambre,
el hambre de todos.
Dimos la Tierra como colateral
como si fuera nuestra.

Vendimos la Tierra,
nos dio vergüenza nuestra Tierra
y la ofrecimos en colateral.

Ahora es la Isla de la que hay que escapar
a toda costa,
Islahambre.

Hipotecamos todos sus activos
vestidos en ropas nuevas
y con la piel pegada a los huesos,
a las llagas.

Vestimos e hipotecamos las llagas
que ahora vuelven a mordernos;
es colateral su daño.

Sólo si la deuda nos quita las ropas
que nunca fueron nuestras
acabará la debacle.

Huracán

Las manos sucias de tierra,
las uñas negras
de recoger hojas,
ramas, vidrios rotos;
sucias de tierra y de sudor.

Las manos recogen destrucción.

Caen los techos.
El cemento en las paredes
de los edificios
se tiñe de la sangre de las hojas.

Los árboles cierran carreteras,
parten cables,
se convierten en proyectiles de madera
contra el mundo de metal y fibras
que hemos levantado.

Todo ha caído.
Quedan pedazos esparcidos
por salvar:
una foto, una sartén;
el abrazo de un vecino.
Los hombres y las muchachas
salen con sus machetes
a podar caminos,
destapan rejillas,
para que fluyan las aguas
que se salieron de su cauce.

No median distancias ni colores.
No median abolengos.

Todos salimos a la calle
armados tan solo con nuestras manos
a arañar la destrucción.

III.

No hemos contado aún a los muertos,
no sabemos nada de lo que hemos perdido.

Los ojos vuelven a ser la brújula primera.
La información se revela
hasta dónde llegan los ojos.

Los hijos de la virtualidad
deben volver a los ojos,
a las manos llenas de tierra
y a los amigos.

La vecina cuenta de su apartamento
roto por los vientos.
El agua inunda la casa de una amiga.
Subimos 20 pisos para poder bañarnos
de tanta tierra,
de tanta arena entre el pelo
y las uñas.

Las moscas se nos paran encima.

Somos materia, al fin materia, poco más.

IV.

Caminar entre las ramas,
entre cristales hechos añicos,
plafones de zinc.

Las entrañas de nuestras casas
quedaron expuestas,
manchadas con la sangre de la tierra.

Todo está mojado,
lleno de arena, de hojas
y de una pena serena
y una serena victoria.

Ante el paso de los vientos
que todo lo rompieron,
de los velos que se desgarraron,
estamos vivos.

Yo, con mis dos crías, vadeo calles inundadas.

Estamos vivos, y sí,
hay que creerlo.

¿De dónde sacaremos las fuerzas
para levantar todo lo que ha caído?
¿Para recoger todo lo que se ha esparcido?
¿Para volver a abrir los caminos
del corazón?

V.

Limpiar, barrer, recoger, botar,
buscar agua a la toma, subir escaleras,
secar pisos, sacarle arena a puertas y ventanas,
replantearse si la vida es esto.

¿Por qué fase vamos?

Dormir en los balcones, buscar gasolina, calor,
calor interminable, hacer fila para el pan,
despertarse de la pesadilla recurrente de los
vientos azotando las persianas.

¿Qué significa esto que acaba de ocurrir?

Tomo el bolígrafo que queda con tinta,
un trozo de papel seco
y apunto observaciones.

Una hoja rota me acompaña
en la que tomo nota de lo ocurrido,
en la que pondero:

El ojo furioso de un huracán nos pasó por encima el
martes 20 de septiembre.
Entró por el sureste, por un pueblo que pudo haberse
llamado de cualquier forma.
Vino desde el mar, que también carga con un nombre
inventado.

Los nombres son las ganas de tener datos precisos,
cifras, latitudes, trayectorias.

*Todo responde a las ganas de tener datos precisos
para anclar la realidad.*

*Pero la realidad, en cambio, ruge;
es viento huracanado.*

VI.

Estamos sin agua y sin luz
desde la madrugada del martes.

Creo que hoy es viernes.

Cobijo a una amiga que lo ha perdido todo.
Ella está sola con su hijo.
Yo ando sola con los míos.

Se me mojó poca cosa.

Mi casa es modesta
pero vivo rodeada de edificios exclusivos
que dan al mar.
Su altura no es la medida que busco
ni la que negocio con la realidad.

Mi amiga viene de otro rumbo diferente al mío.
Viene de otra realidad,
de otra piel, de otro color, de otros dolores.

Lo ha tenido todo
y todo lo ha perdido varias veces.

Nos cobija el techo de mi casa.

Criatura de mangle,
yo vengo de las casas levantadas
a la vera de lagunas.
Vengo de en medio,

heredera de tablas y techos de zinc,
de gente que con sus manos sucias
levantó
el primer cemento.

El bloque y la sangre se entremezclaron,
la arena y los vientos de mar,
la sal y el azufre,
la clorofila y el escombro se entremezclaron
para levantar y destruir.

Lo otro es el poder, que es un juego muy sucio.

Quien se acerca al poder
no tiene de otra más que negociar
y debe permanecer luchando una batalla sin fin.

Juicios, abogados, títulos de propiedad, papeleo,
seguros, repartición de bienes, custodia,
requisiciones, bancarrotas, cotizaciones, contratos,
adquisiciones, fraudes, impuestos,
desviaciones de fondos,
y otra vez a levantar cemento.

Sin embargo, el cemento,
el vidrio, los metales,
son frágiles ante el viento.

VII.

Hoy, al fin, tengo señal.

Entra una llamada apenas.

"*Ay, Mayra*" —suspira—
"*lo juro; te voy a sacar para que descanses,*
aguanta.
Falta poco ya".

Mi prima, que es mi hermana, que es mi sangre
le hace frente a su lado del huracán
desde un exilio que escogió
hace diez años que parecen mil;
hace mil años que parecen un minuto
y una vida entera.

Ella se fue a levantar familia,
escapando de dónde ser familia era imposible.

La Islahambre la quería devorar.

Cayó en manos de otra devoración
de la cual ahora escapa. Escapamos juntas,
Cimarronas. Fundamos palenque a dos orillas.

Una nueva isla se extiende
desde mi sangre a la suya
en viaje de ida y vuelta;
desde su casa azotada por el frío
y también por este otro huracán.

Del otro lado del auricular
intento disfrazar mi pena,
guardarla para mi sola.

"*No te preocupes, prima. Acá estamos bien. No es tan
malo como dicen las noticias*".

Miento.
Flaqueo en la espera.

Sin ella
soy hoja que descuartiza la brisa.

VIII.

El viento también es el poder.
Lo que debe caer, caerá de un soplo.

Somos del viento,
yo, con mis dos crías a cuestas
y mi casita levantada
con el sudor de mi sangre.

Con mis manos sucias de tierra y de tinta.

No tuve que negociar con el poder,
soy de las pocas.
Me escabullí;
no sé cómo lo hice.

Soy una mujer libre
que pudo sobrevivir un huracán
sin un solo hombre en la casa.

Mi amiga es otra; mi prima, otra más.
Quiero
que se sepa.

Nos levantamos la una a la otra.

Quiero que se sepa que hoy,
segunda década del siglo XXI:
un puñado de mujeres
sin maridos,
sin padres, sin dueño,
fue capaz de sobrevivir a la devastación.

Tenemos las manos sucias,
el pelo lleno de arena,
las espaldas truncas, el pecho en llanto,
pero hemos sobrevivido a la furia del viento.

Salimos guerreras,
machete en mano, hijos a cuestas,
a buscar alimentos, agua, a desclavar tormenteras,
a destapar alcantarillas.
Junto a otras, laboramos.

Quiero que se sepa,
tomen nota.
Podemos, entre todas
levantar lo caído,
parirnos una Isla nueva.

IX.

A Sandra Rodriguez Cotto

Anota los nombres de los caídos, Centuriona,
que quede memoria
de los que ofrecieron su vida
por levantar al pueblo.

Que el nombre
del de bronceado cuerpo
que cayó abatido por las ráfagas
quede grabado en nuestra memoria.

Que el nombre del valiente
que salió a levantar troncos
que cortaban el paso;
que el de las poderosas guerreras
que fueron a levantar a los caídos sea recordado.

Que las voces imparables
que tronaban noticias por las radios
repitan sus nombres:
el de la madre que perdió su vida
con la sangre envenenada por orines de ratones
cuando salió a levantar zines y alambres
para que sus hijos pudieran caminar las calles,
la vecina que alimenta al barrio hambriento,
que cuida hijos y madre y no duerme,
armada, velando las sombras;
el de aquellos que treparon altas torres
para llevar luz a los enfermos.
Que no caigan en olvido.

Recordemos sus nombres, sus caras.
Esta historia no puede ser contada
por una sola escriba.
Nuestro pueblo está lleno de gente brava.
Nuestro pueblo se enfrenta a la muerte
y sale airoso.

También tiene a sus cobardes
y a sus mercaderes del miedo
que medran gracias a la desgracia ajena.
De ellos también recordemos los nombres,
que no se nos olviden.

Ante el rugir del viento
la Isla se enfrentó
desde un solo corazón.
Era un solo músculo
que bombeaba vida y sangre.

Que los que vengan después
tengan memoria
de que los pueblos que olían a muerte,
a los pocos días, reverdecieron.
Que el manto verde que escondía lo precario
nos fue arrancado de un solo vendaval
para abrirnos los ojos
y que muchos ojos se abrieron.
Muchas manos rotas, sangrantes
muchos lomos fuertes salieron machete en mano
a limpiar caminos,
a ofrecer agua y comida a los hambrientos.

Esta es la hora de nuestra gloria,
la hora de nuestra grandeza.
Acunados por el ronroneo de plantas eléctricas
duermen algunos,
mientras otros
encienden los motores de las sierras,
prenden fogones,
se lanzan antes del alba a la calles
para tirar al suelo a la muerte que estorba
y reconstruir la vida.

Los hermanos lejanos
vuelven vaciando sus casas para ofrecérsela
al prójimo abatido.

Esta es la hora de nuestra grandeza;
la hora del amor.

Mi país es grande, inmenso y huracanado.
Furia contra furia y maña contra maña,
le ganamos a los vientos.

Le estamos ganando.

Mi país es inmenso.
Ya vendrán los días en que de nuevo,
adormecidos,
caeremos en la ruta complaciente;
eso temo.

Pero mientras dure este corto momento
que muchos presentimos que se aproximaba,
veo salir el sol y saludo a mi pueblo.

Enardecida, lo saludo,
agradecida por cada gota de sudor
y sangre vertida.

La gloria, la dignidad y el honor
no tienen otro precio.
Ahora lo entiendo.

Ahora entre llantos, lo entiendo.

Sistemamundo

I.

Es el ojo del huracán el que cuenta todo esto.
Es el ojo que se me instala
en el centro de la frente y narra.

Yo tan solo tomo nota.

No pretendo ser más que una ráfaga de viento,
un eco entre las voces ululantes.

El viento aúlla como una loba furiosa
y detiene al tiempo.

No hay días ni noches,
tan solo un aullido largo
y un temblor en puertas y ventanas;
un sonido alterno de cosas rompiéndose.

Es la muerte hecha viento
que viene a destrozar,
la superficie de las formas.

Hay que rendirse ante su intensidad.

II.

Estás cansada, escritora, lo sé.
Te sientes vieja.

En medio de los estragos de la tormenta,
piensas
que se te acaba el tiempo para las cosechas,
para escribir,
para amar a un hombre, a uno solo,
para amasar abundancia para tus hijos,
ganarte glorias para tu gente.

Pendiente.

Esa es la definición
de solo uno de los ejes de tu vida,
la forma en que la materia
se manifiesta en el tiempo.

Más existe otra.
No lo olvides.

Mira tus manos sucias de tierra.
Eso también es magia, gracia y sincronía.
La tierra nace desde ti
y tú eres Tierra.

Los dos ejes, las dos cosas, recuerda,
las dos aspas son una a la vez, giran.

No es una manifestación tras la otra.
No hay dualidad.

Sólo matriz, retícula,
múltiples remolinos de viento
que no se resisten
a lo que también aúlla dentro de ti.

Dentro de ti sopla el viento.

Eres tú también la Isla, un vendaval,
un planeta.

III.

Tú querías esta destrucción.
La estabas esperando.

Lloras y ríes ante la Isla caída,
te alegras de que todo se derrumbe
herido ante tus manos.

Te alegras
de tener las manos sucias.

Lloras y sonríes de haber sobrevivido,
tú también,
junto a tus otras mujeres,
y junto a tus hijos y tu clan,
gozar de impunidad
de probar tu poder.

IV.

Ya regresan los colibríes a libar de las flores
del roble que quedaron abiertas
después de la tormenta.

Ya regresan las reinitas y los zorzales,
las libélulas.
Las abejas y las moscas regresan también.
Regresan las ratas,
suben por los escombros y los cables caídos.

Hay que seguir limpiando,
acomodando,
sembrando.

V.

Anoche llovió.
Semanas después de la gran tormenta, llovió
suavemente.

Con la lluvia barrí en la mañana
la arena de la terraza.

Llovió suave y hoy mis hijos,
mi amiga y yo salimos
a comprar café y pastelitos.

Pan
¿Habrá pan?

Quiero pan con mantequilla,
alimentos frescos de todo tipo.

Quiero agarrar
con las manos sucias
una tibia hogaza de pan.

Caminamos por las calles del vecindario.
Observo los helicópteros sobrevolando
el cielo de la isla destrozada.

Observo cómo, a la vez, la Isla reverdece.

Me pregunto si se irá el calor,
me pregunto por qué fase de la luna vamos.

Hasta el ciclo de la sangre se ha perdido
y, sin embargo, siento como fluye dentro mío,
en paz.

Ante la destrucción, se detiene el tiempo.

Creo que hoy es viernes,
pero no lo puedo asegurar.

¿Qué debemos hacer
sino mirarnos las manos sucias,
limpiárnoslas nuevamente
y luego
salir a buscar
una hogaza de pan?

VI.

No busques las formas, escritora,
busca la materia de la forma.
Busca lo que te es afín para levantarte.
Sabes lo que quieres y no cometerás los errores de
antaño.

Otros errores sí, pero serán otros.
Pendiente.

El agua se retira para regresar a su cauce
una vez se calman los vientos.

Recoge la arena que ha entrado en tu casa,
recoge las hojas,
barre, limpia,
echa baldones de agua por todas las esquinas.
Deja que se vaya por las tuberías
y vuelve a limpiar.

Pero pendiente, escritora.
Ve tomando nota.

No hay que huir del viento.
¿Hacia dónde?
Tu isla queda justo a la entrada de su paso.
Que te lleve la muerte y su aullido.

Toma nota, escritora.

Apunta el día.

Al fin llegaste al fondo
de tu propia destrucción.

Allá adentro, fluye el agua,
la sangre,
la tinta.

VII.

(Sistemamundo)

El libro está escrito en mi cabeza,
en todas las cabezas.
El libro ya está escrito.

La tibia torcedura,
el traspiés en el laberinto
y en los espejos del miedo.

El libro está escrito,
página tras página
cuenta cómo
se sufre con conciencia,
se muere a conciencia,
se abraza al dolor
y se aprende a amarlo.

"Esto que yo soy es una mujer" —dice.

"Esto es comerse a los muertos
para ingerir su fuerza,
despedazar la carroña que una es
vuelta bestia
que pare y devora lo creado".

"Esto también es una mujer;
ser la monstruosa,
la que se levanta de su propia destrucción
altiva y desdeñosa".

"*Voy a devorar tu corazón*" —dice el libro—.
Sométete a mi fauce,
mete tu agón en ella
y combate.
Sólo así será la paz
y el nuevo ciclo."

El libro ya está escrito.
Es la Tierra quien lo está sangrando.
El libro recoge
todos los caminos de la sangre.

Todos los caminos son páginas,
retículas
que tejen otra matriz
y otro cuento
sobre el cuento inicial,
palabras que hacen eco
cuando se completa y se cumple con la muerte.

Es decir, con la rendición;
es decir, con la cura,
la hendidura
de la cual renace un pliegue
en el espacio y en el tiempo
para que algo nuevo nazca.

La palabra narra el milagro
que aparece.
Una va tomando nota.
La palabra nombra el milagro (no parece)
y por eso el salto,

el titubeo,
la búsqueda de la sílaba,
la saliva, el cuento chiquito del yo que sufre,
muere, y luego,
la ascensión.

La palabra es
lo primero
luego del estático silencio
de la muerte cumplida.

Ondula hasta su vibración.

De la matriz del silencio nace la luz,
de la contraída vibración
de la matriz del silencio condensado.

Mayra Santos-Febres (1966)

Nació en Carolina, Puerto Rico. Comienza a publicar desde el 1984 en revistas y periódicos internacionales tales como Casa de las Américas (Cuba), *Página Doce* (Argentina), *Revue Noir* (Francia) y *Latin American Revue of Art and Literature* (New York) En 1991 aparecen sus dos poemarios: *Anamú y Manigua*, el cual fue seleccionado como uno de los 10 mejores del año por la crítica puertorriqueña, y *El orden escapado*, ganador del primer premio de poesía de la Revista Tríptico (Puerto Rico). En el 2000 la Editorial Trilce (México) publicó *Tercer Mundo*.

Además de poeta, Mayra Santos-Febres es ensayista y narradora. Como cuentista ha ganado el Premio Letras de Oro (USA, 1994) por la colección de cuentos *Pez de vidrio*, y el Premio Juan Rulfo de cuentos (Paris, 1996) por *Oso Blanco*. En el 2000, Grijaldo Mondadori publicó su segunda novella *Cualquier miércoles soy tuya*. En el 2005, Ediciones Callejón publicó su libro de ensayos *Sobre piel y papel* y su poemario *Boat People*. En el 2006, fue primera finalista en el Premio Primavera de la Editorial Espasa Calpe con su novela *Nuestra Señora de la noche*.

En el 2009 publicó *Fe en disfraz,* con la Editorial Alfaguara, y obtuvo la Beca John S. Simmon Guggenheim. En el 2010, publicó *Tratado de medicina natural para hombres melancólicos*. En el 2015, publicó su novela *La amante de Gardel*.

Ha sido profesora visitante en Harvard y Cornell University. Fue seleccionada como una de las 100 Iberoamericanas más influyentes del 2010 por el periódico El País, y obtuvo una Medalla de la UNESCO el mismo año. Actualmente es catedrática y dirige el Taller de Narrativa de la Universidad de Puerto Rico.

Índice:

Sistemamundo